Sieglinde Holl

Winterliche Bandornamente

Neue Gestaltungsideen

frechverlag

Im frechverlag sind viele weitere Bücher der bekannten Autorin erschienen. Hier eine kleine Auswahl:

TOPP 2383

TOPP 2252

TOPP 2449

TOPP 2499

TOPP 2415

Zeichnungen: Richard Knecht

Fotos: frechverlag GmbH + Co. Druck KG, 70499 Stuttgart; Fotostudio Ullrich & Co., Renningen

Dieses Buch enthält: 2 Vorlagenbogen

Auflage	5.	4.	3.	2.	1.	Letzte Zahlen
Jahr	2003	2002	2001	2000	1999	maßgebend

frechverlag GmbH + Co. Druck KG, 70499 Stuttgart

ISBN 3-7724-2511-9 · Best.-Nr. 2511

Druck: frechverlag GmbH + Co. Druck KG, 70499 Stuttgart

Falten und Schneiden – das ergibt diese schönen Bandornamente für die Winterzeit. Neben einfachen Bändern finden Sie auch Modelle mit filigranen Innenschnitten für Fortgeschrittene.

Haben Sie schon einmal versucht, zwei oder drei Bänder zu einem Motiv zu kombinieren oder die Bandornamente auf unkonventionelle Weise zu falten? Auf diese Weise erzielen Sie völlig neue Wirkungen. Und für große Fenster gibt es Motive, die Sie mit farbigen Tonpapierteilen verschönern können, wenn Sie es etwas bunter lieben.

Wählen Sie aus der Vielfalt der Bänder das für Sie passende aus und schmücken Sie damit Ihre Fenster.

Viel Freude dabei wünscht Ihnen

Ihre

Sieglinde Holl

Material und Werkzeug

- ***Tonpapier in verschiedenen Farben***
- ***Transparentpapier zum Übertragen der Motive***
- ***Bleistift***
- ***Filzstifte in Schwarz und Rot***
- ***Lackstift in Weiß***
- ***Kreisschablone für die Augen***
- ***Schere***
- ***Cutter/Bastelmesser mit geeigneter Schneideunterlage***
- ***Lineal***
- ***Bürotacker***
- ***Doppelseitiges Kebeband***
- ***Klebstoff, z. B. UHU Alleskleber***

So entsteht ein Band

Nehmen Sie das ausgewählte Motiv mit Hilfe von Transparentpapier und einem weichen Bleistift vom Vorlagenbogen ab. Messen Sie die Höhe und die Breite des ausgewählten Motivs und übertragen Sie diese Maße so oft auf das Tonpapier, bis Sie die gewünschte Bandbreite erhalten. Wenn ein Motiv aus zwei oder drei Bandornamenten besteht, dann diese Vorgänge für jeden Teil des Motivs wiederholen.

Mit Hilfe einer Schere und eines Lineals falzen Sie das Tonpapier in den Abständen des Motivs, so lässt es sich an diesen Stellen leichter falten.

Falten Sie das Papier wie eine Ziehharmonika, wobei das Deckblatt von links zu öffnen sein muss.

Achtung: Das gilt nicht für die unkonventionell gefalteten Modelle! Richten Sie sich dort nach dem Text.

Das obere und untere Deckblatt darf auch über die Faltung hinausragen, damit z. B. der Schuh des linken bzw. rechten Nikolaus auf Seite 8/9 rund ausgeschnitten werden kann.

Falten Sie das Tonpapier möglichst nicht öfter als dreimal. Lieber ein Motiv zweimal ausschneiden und bei großen Fenstern dann ansetzen, sonst fällt Ihnen das Ausschneiden zu schwer und die unteren Lagen lassen sich nicht mehr gut durchtrennen.

Legen Sie das Transparentpapier mit dem aufgemalten Motiv ganz exakt auf das passend gefaltete Tonpapier. Damit das Transparentpapier nicht verrutscht, heften Sie es am besten mit einem Bürotacker oder doppelseitigen Klebebandstreifen am Tonpapier (außerhalb des Motivs oder an Stellen, die herausgeschnitten werden) fest.
Bei Bedarf können Sie die Konturen des Motivs mit einem spitzen, harten Bleistift nochmals unter leichtem Druck nachfahren - bei diesem Arbeitsgang werden die Formen in das Tonpapier eingedrückt. Nun kann das Transparentpapier entfernt werden. Die Druckstellen eventuell leicht mit dem Bleistift nachziehen, damit Sie das Motiv besser erkennen können.

Sie können auch eine Schablone von dem Motiv fertigen, diese dann auf das gefaltete Tonpapier legen und mit einem spitzen Bleistift umfahren.

Schneiden Sie das Motiv mit einer spitzen Schere oder einem Cuttermesser aus. Denken Sie an eine geeignete Schneideunterlage.

Die Augen werden entweder aufgemalt oder ausgeschnitten.
Nehmen Sie zuerst die Innenschnitte vor, bevor Sie die äußere Kontur frei legen.

Das linke und das rechte Ende des auseinander gefalteten Bandornamentes arbeiten Sie noch etwas nach. Die Füße z. B. rund schneiden oder halbe Ornamente abschneiden. Bei manchen Bandornamenten werden zusätzlich Einzelteile aufgeklebt. Diese bitte von beiden Seiten deckungsgleich aufkleben, damit das Bandornament auch von außen schön aussieht.

Glocken mit Schleife

Motivhöhe: ca. 10 cm

Tonpapier in Sonnengelb und Rot

Dieses Motiv besteht aus zwei Bandornamenten: Glocken und Schleifen. Das Tonpapier wird zweimal ziehharmonikaartig gefaltet (drei Lagen).
Zum Schluss kleben Sie das Schleifenband auf die Glocken.

Sterne mit Kugeln

Motivhöhe: ca. 14 cm

Tonpapier in Sonnengelb

Auch für dieses Motiv falten Sie das Tonpapier zweimal ziehharmonikaartig.

Gefüllte Stiefelchen

Motivhöhe: ca. 14 cm

Tonpapier in Rot, Weiß und Schwarz

Die Stiefelchen samt Füllung (durchgezogene Linie) übertragen Sie auf einen roten, den Pelzbesatz (gestrichelte Linie) auf einen weißen und die Schnürsenkel (punktierte Linie) auf einen schwarzen Tonpapierstreifen. Dieser wird vorab jeweils zweimal gefaltet. Kleben Sie erst den Pelzbesatz und dann die Schnürsenkel auf die Stiefel. Die filigranen Gesichter mit dem Cutter ggf. nachschneiden.

Nikolaus mit Sack

Motivhöhe: ca. 16 cm

Tonpapier in Rot

Übertragen Sie das Motiv auf das zweimal gefaltete Tonpapier. Achten Sie beim Falten darauf, dass Sie die obere und die untere Tonpapierlage etwas breiter überstehen lassen, damit der Nikolausstab und die Schuhe an den Enden komplett übertragen und ausgeschnitten werden können. Wenn Sie mit den Stäben Schwierigkeiten haben, können Sie auch alle Stöcke kürzen. Am linken und am rechten Bandende werden die Schuhe etwas abgerundet.

Teddys mit Stern

Motivhöhe: ca. 23 cm

Tonpapier in Braun, Beige, Rot, Weiß und Gelb
Filzstift in Schwarz
Lackstift in Weiß
Kreisschablone

Fertigen Sie vom Teddy und dem Stern jeweils ein Band (Tonpapier dreimal falten) und schneiden Sie die Einzelteile der Mütze und die Schnauze jeweils viermal zu. Die Pfoten, die sich direkt berühren, können Sie auf einen einmal gefalteten Streifen Tonpapier übertragen oder ebenso wie die Pfoten am Bandende einzeln ausschneiden.

Kleben Sie zunächst das Sternenband und dann die Schnauzen auf die Teddys. Darauf befestigen Sie die Pfoten. Bringen Sie die Mützen an. Bemalen Sie die Schnauzen und zeichnen Sie die Augen und die Ohren mit Hilfe einer Kreisschablone ein. Das Augenlicht wird mit dem Lackstift ergänzt.

Eiskristalle

Motivhöhe: ca. 15 cm

Tonpapier in Weiß und Hellblau

Übertragen Sie das weiße Motivteil (durchgezogene Linie) auf einen viermal gefalteten Tonpapierstreifen und schneiden Sie es aus.
Die fünf hellblauen Sterne (punktierte Linie) werden einzeln hergestellt: Falten Sie ein ca. 7 cm großes Tonpapierquadrat in der Mitte, legen Sie es nochmals zur Hälfte, dann übertragen Sie ein Viertel des Sterns auf das gefaltete Papier und schneiden das Motiv aus. Danach kleben Sie die aufgefalteten hellblauen Sterne auf die weißen Eiskristalle.

Eiszapfen

Motivhöhe: ca. 17 cm

Tonpapier in Weiß und Hellblau

Übertragen Sie beide Motivteile auf das zweimal gefaltete, farblich passende Tonpapier. Schneiden Sie die Bänder aus und kleben Sie das weiße Band auf das hellblaue.

Schneemann und Schneefrau

Motivhöhe: ca. 26 cm

Tonpapier in Weiß, Rot, Blau, Schwarz und Orange
Filzstift in Schwarz
Lackstift in Weiß
Kreisschablone

Übertragen Sie den Schneemann auf einen dreimal gefalteten Tonpapierstreifen (das Tonpapier evtl. rechts und links je 5 cm ansetzen) und die bunten Teile je zweimal auf das farblich passende Tonpapier. Schneiden Sie die Teile aus.
Malen Sie mit Hilfe einer Kreisschablone die Augen, die Knöpfe und den Mund mit Filzstift auf. Das Augenlicht wird mit dem Lackstift eingezeichnet.
Danach kleben Sie die Nasen, die Kopfbedeckungen, die Schals, die Schürzen und die Gürtel auf.

Meisen

Motivhöhe: ca. 13 cm

Tonpapier in Weiß, Schwarz, Zitronengelb, Mittelblau und Braun
Filzstifte in Schwarz und Rot
Lackstift in Weiß

Sie benötigen einen 55 cm langen, 15 cm breiten Streifen weißes Tonpapier, den Sie in der Mitte falten. Übertragen Sie das Grundmotiv (durchgezogene Linie) mit Hilfe von Transparentpapier auf das einmal in der Mitte gefaltete Tonpapier. Legen Sie dabei den halbierten Vogel genau an der Falzlinie an. Dann falzen Sie mit Hilfe einer Schere und eines Lineals das Papier an der linken Motivkante. Falten Sie die Streifenenden nach innen (siehe Faltskizzen auf dem Vorlagenbo-

Wintervögel

Motivhöhe: ca. 15 cm

Tonpapier in Weiß

Übertragen Sie die Vögel auf zweimal gefaltetes Tonpapier und schneiden Sie sie aus.

gen). Nun schneiden Sie das Band mit dem Cuttermesser aus und klappen es auf. Die Vögel am Rand werden ggf. nun noch nachgeschnitten.
Die restlichen Motivteile können Sie einzeln ausschneiden. Bekleben Sie die Vorderseite jedes Vogels mit dem gelben Bauch, dem blauen Schwanz, dem schwarzen Kopfteil, dem braunen Schnabel und den blauen und schwarzen Flügelteilen. Malen Sie mit Hilfe einer Kreisschablone die Augen auf, das Augenlicht wird mit dem Lackstift aufgetupft. Die Schnabelteilung und die Zunge werden mit Filzstift eingezeichnet.

Schneebedeckte Tannen

Motivhöhe: ca. 33 cm

Tonpapier in Gelb, Weiß und Grün

Übertragen Sie mit Hilfe von Transparentpapier die Sterne auf gelbes Tonpapier, das Sie einmal gefaltet haben. Die Tannen werden auf zweimal ziehharmonikaartig gefaltetes Tonpapier in Weiß (gestrichelte Linie) und Grün (durchgezogene Linie) übertragen. Achten Sie beim Falten darauf, dass die obere und untere

Tonpapierlage etwas überstehen. Nehmen Sie bei den Sternen zuerst die Innenschnitte vor und legen Sie dann die äußere Kontur frei.
Kleben Sie die weißen Tannen auf die grünen, bevor Sie das Sternenband anbringen.

Glaskugeln

Motivhöhe: ca. 15 cm

Tonpapier in Rot und Weiß

Übertragen Sie die Kugeln (durchgezogene Linie) und die Schleifen (gestrichelte Linie) mit Hilfe von Transparentpapier auf dreimal ziehharmonikaartig gefaltetes Tonpapier in Weiß bzw. Rot. Schneiden Sie beide Bänder aus und befestigen Sie die Kugeln mit Klebstoff an den Schleifen.

Lebkuchen

Motivhöhe: ca. 17 cm

Tonpapier in Braun, Creme und Orange

Übertragen Sie die Schleifen mit Hilfe von Transparentpapier auf einen orangefarbenen Streifen Tonpapier, die Lebkuchen auf einen braunen und die Mandeln auf einen cremefarbenen. Die ca. 50 cm langen Streifen werden vom Prinzip her genauso gefaltet wie der Streifen für die Meisen auf Seite 16/17 (siehe auch Faltskizzen auf dem Vorlagenbogen). Achten Sie darauf, dass die Streifenenden für die äußeren Lebkuchen nach innen gefaltet werden.
Schneiden Sie die Teile aus und kleben Sie erst die Mandeln und dann das Schleifenband auf die Lebkuchen.

Pinguine

Motivhöhe: ca. 23 cm

Tonpapier in Weiß, Schwarz und Goldgelb
Filzstift in Schwarz
Lackstift in Weiß
Kreisschablone

Übertragen Sie den Pinguin und seine Einzelteile mit Hilfe von Transparentpapier auf das farblich passende Tonpapier, das schwarze Tonpapier wird zweimal ziehharmonikaartig gefaltet.
Schneiden Sie alle Teile aus, bekleben Sie die Körper am besten von beiden Seiten mit den weißen Kopf-Bauchteilen, Füßen und Schnäbeln. Malen Sie die Schnabelteilung und mit Hilfe einer Kreisschablone die Augen mit Filzstift auf, das Augenlicht wird mit Lackstift eingezeichnet.

TIPP Wenn Sie das Tonpapier für die einzeln aufzuklebenden Motivteile ebenfalls falten und die Teile mit etwas Abstand zum Rand übertragen, können Sie mehrere Einzelteile gleichzeitig ausschneiden.

Engel mit Stern

Motivhöhe: ca. 15 cm

Tonpapier in Weiß

Das Tonpapier wird zweimal ziehharmonikaartig gefaltet. Führen Sie zuerst die Innenschnitte aus und legen Sie dann die äußere Kontur frei.

Tannen mit Sternen

Motivhöhe: ca. 19 cm

Tonpapier in Grün und Sonnengelb

Übertragen Sie die Sterne (gestrichelte Linie) und die Tannen (durchgezogene Linie) jeweils auf einen ca. 70 cm langen Tonpapierstreifen, den Sie dreimal zieharmonikaartig gefaltet haben (Achtung: die vierte Papierlage ist nur so breit wie ein Baum, das entspricht der halben Vorlage). Nehmen Sie bei den Sternen zuerst die Innenschnitte vor und legen Sie dann die äußere Kontur frei. Dann kleben Sie das Sternenband auf die grünen Tannen.

Weihnachtsmänner mit Sack

Motivhöhe: ca. 14 cm

Tonpapier in Weiß

Übertragen Sie das Motiv auf das zweimal ziehharmonikaartig gefaltete Tonpapier, lassen Sie dabei das obere und untere Deckblatt über die Faltung hinausragen. Dann schneiden Sie das Motiv aus.

Kerzen

Motivhöhe: ca. 24 cm

Tonpapier in Sonnengelb, Rot, Orange und Grün

Falten Sie Tonpapierstreifen in allen Farben dreimal ziehharmonikaartig (obere und untere Lage ragen zum Teil über die Faltung hinaus). Übertragen Sie die Motivteile auf das farblich passende Papier, schneiden Sie das grüne Band (durchgezogene Linie) und das gelbe Band (kurz gestrichelte Linie) sowie die roten (gestrichelte Linie) und orangefarbenen Einzelteile (punktierte Linie) aus. Verbinden Sie Tannen und Kerzenschein durch die Kerzen, dann kleben Sie die Flammen auf.

Schneemänner

Motivhöhe: ca. 21 cm

Tonpapier in Weiß, Blau und Schwarz

Die Schneemänner, die Hüte und die Schals werden jeweils als separates Band gefertigt. Übertragen Sie entweder einen Schneemann, einen Hut und einen Schal auf das farblich passende Tonpapier, das Sie vor dem Ausschneiden sechsmal falten. Oder übertragen Sie jeweils zwei Motivteile auf dreimal gefaltete Tonpapierstreifen. Achtung: Im letzteren Fall ist die vierte Papierlage nur so breit wie ein Schneemann!

Führen Sie beim Schneemann zuerst die Innenschnitte aus, dann legen Sie die äußere Kontur frei und bekleben die Schneemänner mit dem Hut- und dem Schalband.

TIPP Wenn Ihnen die Innenschnitte beim Schneemann zu schwierig erscheinen, können Sie die Gesichter und die Knöpfe auch mit Filzstift aufmalen.

Teddys auf Ski

Motivhöhe: ca. 16 cm

Tonpapier in Weiß

Übertragen Sie die Teddys auf einen 70 cm langen Streifen Tonpapier, der dreimal ziehharmonikaartig gefaltet wurde (Achtung: die letzte Lage ist nur halb so breit wie die restlichen Lagen). Nehmen Sie zuerst die Innenschnitte vor und wenden Sie sich dann der äußeren Kontur zu.

Weihnachtsmann mit Hirschen

Motivhöhe: ca. 25 cm

Tonpapier in Rot, Weiß, Schwarz, Hautfarben, Grün und Braun
Filzstifte in Schwarz und Rot
Lackstift in Weiß
Kreisschablone

Übertragen Sie das Grundmotiv (durchgezogene Linie) auf einen ca. 65 cm langen weißen Tonpapierstreifen, den Sie in der Mitte gefaltet haben. Der halbierte Weihnachtsmann wird genau an der Falzkante angelegt. Danach wird der Streifen vom Prinzip her genauso gefaltet wie der Streifen für die Meisen auf Seite 16/17 (siehe auch Faltskizzen auf dem Vorlagenbogen). Achten Sie darauf, dass die Streifenenden für die äußeren Hirsche nach innen gefaltet werden.

Übertragen Sie die restlichen Einzelteile auf das farblich passende Tonpapier. Für die Mütze, das Gesichtsteil und den Mantel verwenden Sie am besten einmal gefaltetes Tonpapier.

Bekleben Sie den Weihnachtsmann mit den Einzelteilen und die Hirsche mit den Geweihen. Malen Sie die Augen, die Nase und den Mund des Weihnachtsmannes sowie die Augen, die Ohren, die Schnauzen, die Schwänzchen und die Hufe der Hirsche mit Filzstift auf. Die Augenlichter werden bei den Hirschen mit Lackstift aufgetupft.

Ilex

Motivhöhe: ca. 13 cm

Tonpapier in Grün und Rot

Übertragen Sie das Grün auf einen dreimal ziehharmonikaartig gefalteten Tonpapierstreifen. Die roten Beeren können Sie ebenfalls auf einen Streifen übertragen oder einzeln ausschneiden. Nehmen Sie zuerst die Innenschnitte vor und legen Sie dann die äußere Kontur frei. Zum Schluss kleben Sie die Ilexbeeren auf die Mitte der Blätter.